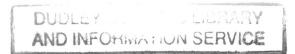

How do I say that?

Written by **Sue Wise**
Illustrated by **Christine Coirault**

Editor: Annabel Blackledge
Editorial Director: Louise Pritchard
Design Director: Jill Plank

Pangolin Books and Sue Wise would like to thank Victoria Arza, originally from Asturias in northern Spain, for her help with the text.

First published in the UK in 2005 by Pangolin Books
Unit 17, Piccadilly Mill, Lower Street, Stroud, Gloucestershire, GL5 2HT

A CIP catalogue record for this book is available from the British Library.

ISBN 1-84493-024-6

Colour reproduction by Black Cat Graphics Ltd, Bristol, UK
Printed in China by Compass Press Ltd

Contents

The Spanish language

There are a few things you should know about the Spanish language before you try to speak it. Take a few minutes to read the information below, and you will enjoy this book all the more.

Masculine, feminine, plural

All Spanish nouns are either masculine or feminine. If a word has *el* (the) or *un* (a) in front of it, it is masculine. Masculine nouns usually end with an 'o'. If the noun is plural, *el* changes to *los* and *un* changes to *unos*. If a word has *la* (the) or *una* (a) in front of it, it is feminine. Feminine nouns usually end with an 'a'. If the noun is plural, *la* changes to *las* and *una* changes to *unas*. Spanish nouns are made plural by adding 's' or, if the noun ends in a consonant, 'es'. The endings of Spanish adjectives may also vary depending on whether the noun they are describing is masculine or feminine. As with nouns, adjectives are made plural by adding either an 's' or an 'es'.

la corbata/
las corbatas
tie/ties
corbata is a feminine noun.

el pie/los pies
foot/feet
pie is a masculine noun.

How verbs change

Spanish verbs change according to the person who is doing the action. Some verbs follow regular patterns, but others do not. Below, you can see how three different Spanish verbs change. The verbs *estar* and *ser* both mean 'to be'. *Ser* can be used to express a permanent state, as in *soy alto* (I am tall). *Estar* can be used to express a temporary state, as in *estoy cancada* (I am tired). You will find that both these verbs are used often in this book.

comer – to eat
como (I eat)
comes (you eat)
come (he/she eats)
comemos (we eat)
coméis (you eat)
comen (they eat)

ser – to be
soy (I am)
eres (you are)
es (he/she is)
somos (we are)
sois (you are)
son (they are)

estar – to be
estoy (I am)
estas (you are)
está (he/she is)
estamos (we are)
estais (you are)
están (they are)

Saying it in Spanish

- Read the pronunciation guides beneath the Spanish as if they were English.
- There are five vowels in Spanish. Each one is always pronounced the same way. Say 'a' as in the English word cat. Say 'e' as in the English word met (this is often written as 'eh' in the guides to help you remember). Say 'i' like 'ee' in the English word feet. Say 'o' as in the English word sock. And say 'u' like 'oo' in the English word moon.
- In Spanish, 'ch' always sounds like the 'ch' in the English word chocolate.
- 'll' sounds the same as the 'y' at the start of the English word yes.
- 'ñ' is pronounced like 'ni' in the English word onion.
- 'rr' is a rolled 'r' and comes only in the middle of a word, as in *perro* (dog).
- In Spanish, when a 'c' comes before an 'a', 'o' or 'u', it is said like the 'k' in the English word king. But when 'c' comes before an 'e' or an 'i', it is said 'th' as in the English word thank.
- 'j' in Spanish is said like the 'h' in the English word have, but it is harder and more throaty.
- Spanish accents (eg. *é* and *á*) show which syllable of a word should be stressed.
- A Spanish question has '¿' at the start and '?' at the end. Exclamation marks also come in pairs ('¡' and '!'). This prepares you for the tone of a phrase before you start reading.

¡Venga, vamos!
Benga, bamos!
Come on, let's go!

Nando's thoughts

Nando the dog always has something amusing on his mind. When you see a thought bubble in Spanish, try to guess what Nando is saying to himself.

Then turn to page 32 to find out if you are right. Different countries have different sayings, so you may be surprised when you discover exactly what Nando is thinking!

Lucia, Marco y Nando desayunan en la cocina.

Lootheea, Marco ee Nando desayoonan en la kotheena.

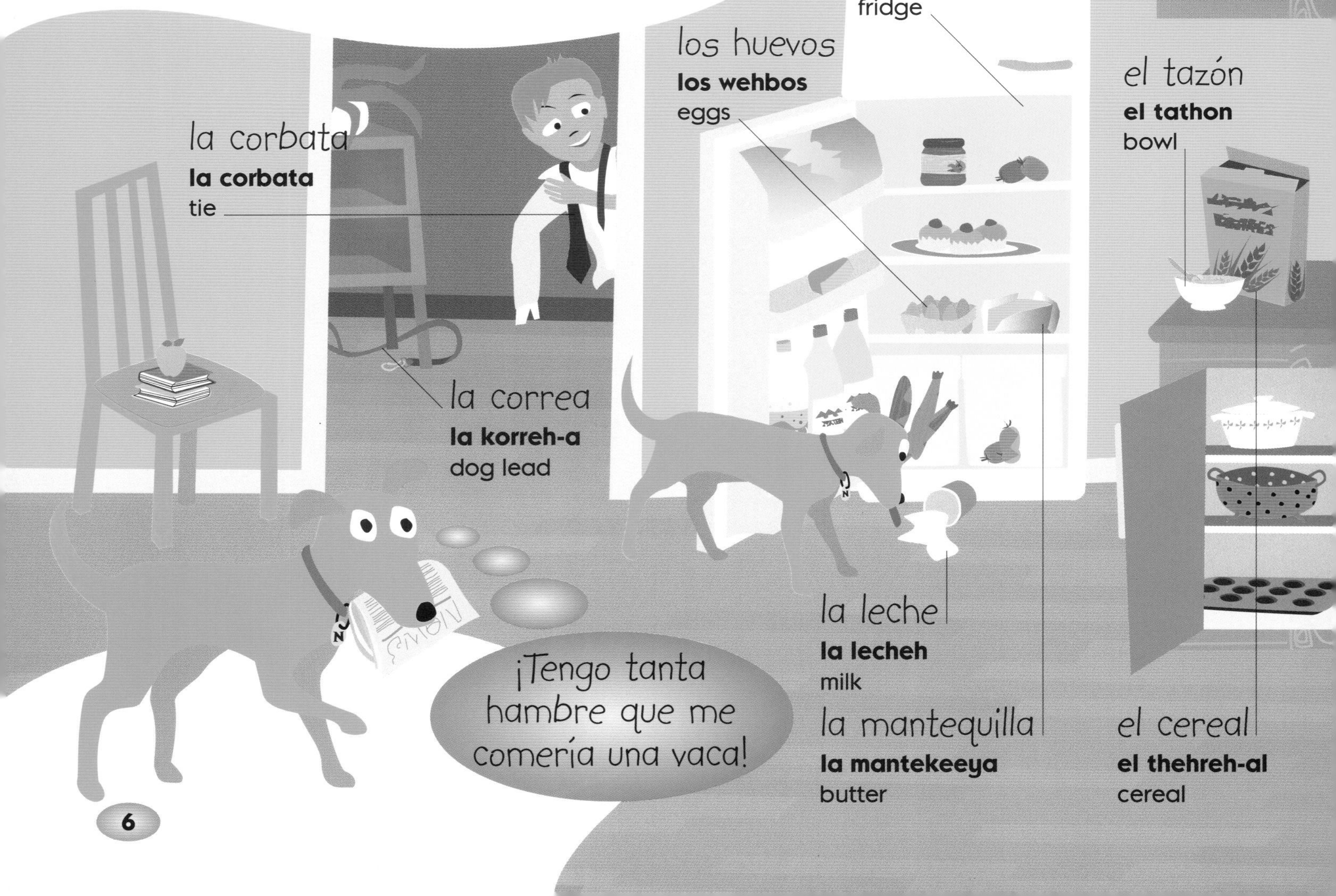

la mermelada
la mermelada
jam
Papá
Pappa
Dad
la taza
la tatha
cup
Mamá
Mamma
Mum
la cocina
la kotheena
cooker
el café
el kafeh
coffee
la cuchara
la koochara
spoon
el zumo de naranja
el thoomo deh naranha
glass of orange juice
el cuchillo
el koocheeyo
knife
la silla
la seeya
chair
el maletin
el maleh-teen
briefcase

¿Me limpias el **cuchillo** Papá? Se me cayó al *suelo.*

Meh leempeeas el koocheeyo Pappa? Seh meh cayo al swelo.

Can you clean my knife, Dad? I dropped it on the floor.

¡Apaga la **cocina**! La comida *se está* quemando.

Apaga la kotheena! La komeeda seh esta kemando.

Turn off the cooker! The food is burning.

El pan *sabe* mucho mejor con **mantequilla**.

El pan sabeh moocho mehor kon mantekeeya.

Bread tastes much better with some butter.

A Papá *le encanta* la **mermelada** de fresa.

A Pappa leh enkanta la mermelada deh fresa.

Dad adores strawberry jam.

Dejo mis libros del colegio en la **silla**.
¡No te *sientes* en ellos!

Deho mis leebros del kol-eheeo en la seeya.
No teh see-entehs en eh-yos!

I left my school books on the chair. Don’t sit on them!

Mamá dice que la **leche** *es muy* buena
para los huesos.

Mamma deetheh keh la lecheh es mooy bwena para los wehsos.

Mum says that milk is brilliant for your bones.

Mi **mamá** es muy amable – me hace el desayuno todas las mañanas.

Mee mamma es mooy amableh – meh atheh el desayoono todas las manianas.

My mum is very kind – she makes my breakfast every morning.

Papá llega siempre tarde al trabajo.

Pappa yeh-ga see-empreh tardeh al trabaho.

Dad is always late for work.

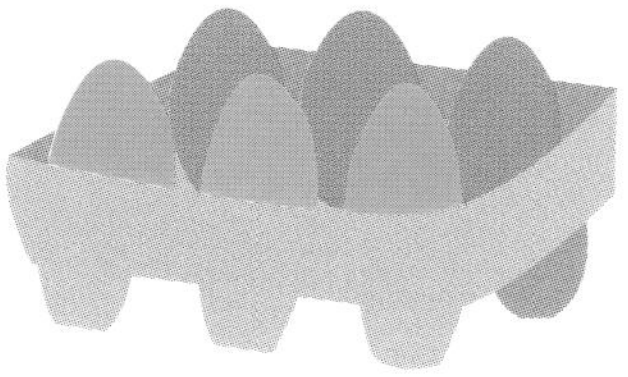

Para desayunar me gustan los **huevos**.

Para desayoonar meh goostan los wehbos.

I like eggs for breakfast.

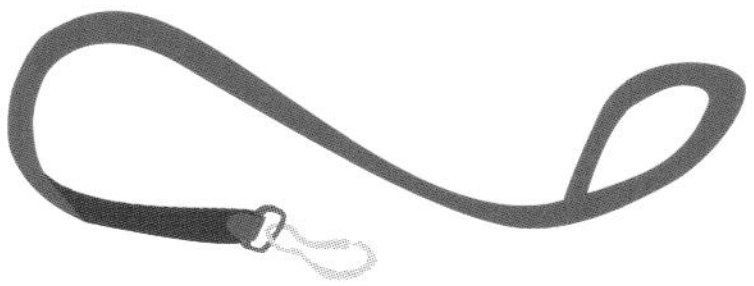

¿Donde está la **correa** del perro? Es hora del paseo.

Dondeh esta la korreh-a del perro? Es ora del paseh-o.

Where's the dog's lead? It's time for his walk!

Mamá bebe dos **tazas** de té antes de ir a trabajar.

Mamma behbeh dos tathas deh teh antehs deh eer a trabahar.

Mum drinks two cups of tea before she goes to work.

Bebo un **zumo de naranja** todas las mañanas.

Behbo oon thoomo deh naranha todas las manianas.

Every morning I drink a glass of orange juice.

Todos los estudiantes están ocupados en la clase.

Todos los estoodiantehs estan okoopados en la claseh.

el premio
el premeeo
merit mark

el número
los noomero
number

la regla
la rehgla
ruler

el globo terrestre
el globo terrestreh
globe

el boligrafo
el boleegrafo
pen

el ordenador
el ordenador
computer

el ratón
el raton
mouse

el teclado
el teklado
keyboard

la profesora
la profesora
teacher

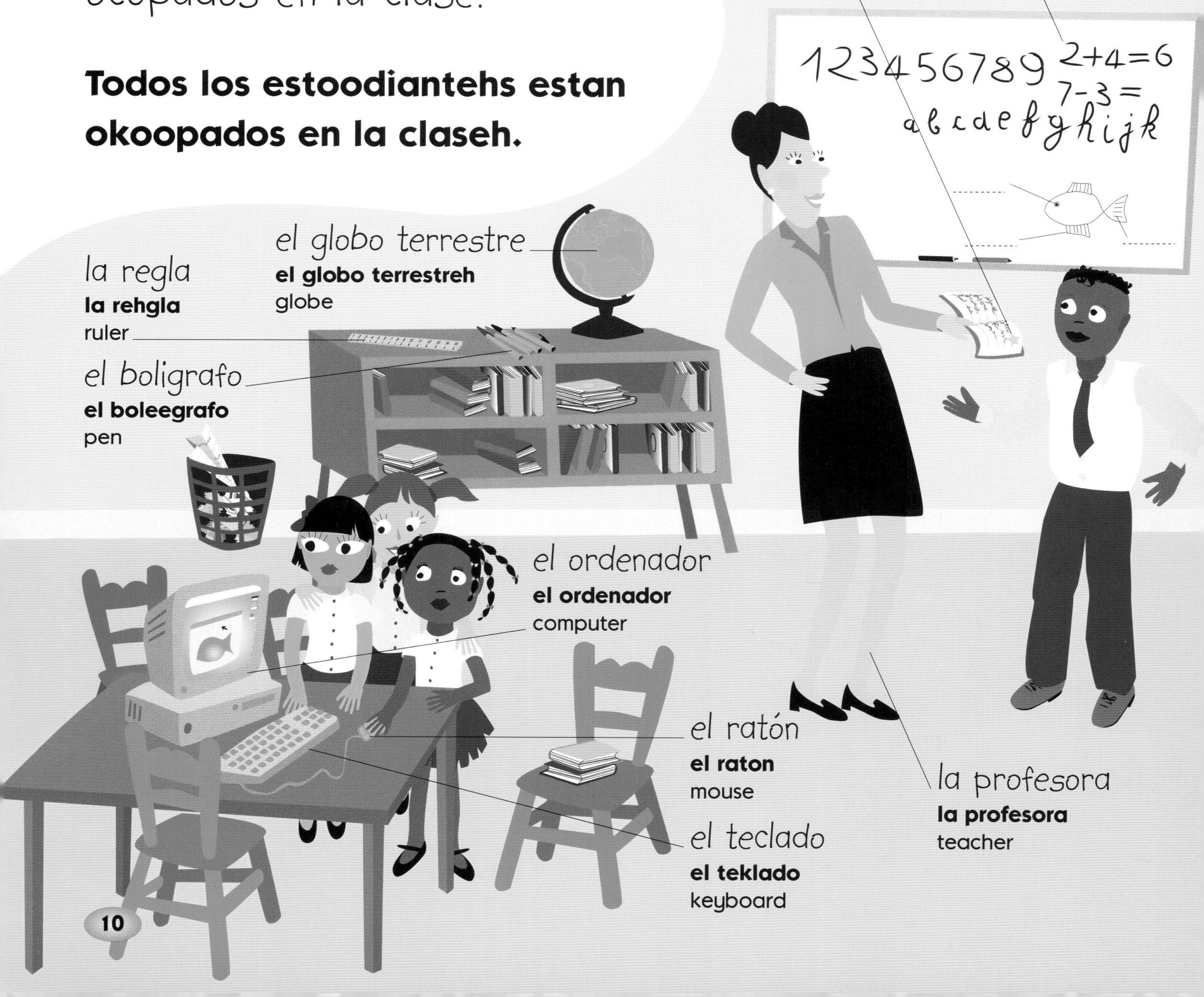

la ventana
la bentana
window
la puerta
la pwerta
door
el reloj
el relo
clock
el guardaropa
el gwardaroppa
cloakroom
el dibujo
el deebooho
drawing
el lápiz
el lapeeth
pencil
la pecera
la pethehra
fish tank
la mochila
la mocheela
rucksack
la mesa
la mehsa
table
Saben más que las ratas amarillas.

Si miras por la **ventana**, la profesora se enfada.

See meeras por la bentana, la profesora seh enfada.

If you look out of the window, the teacher will get cross.

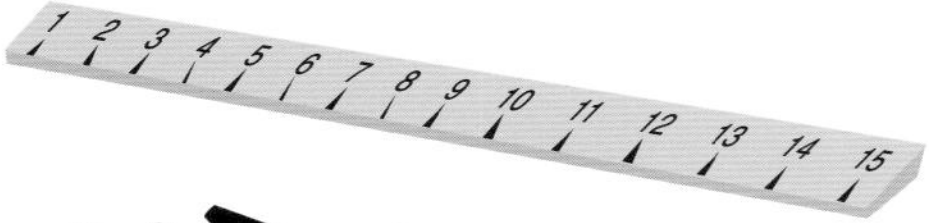

No puedo hacer una raya derecha sin **regla**.

No pwedo ather oona raya dehrehcha seen rehgla.

I can't draw straight lines without a ruler.

¿Donde están los **boligrafos**? Necesito practicar mi escritura.

Dondeh estan los boleegrafos? Netheh-seeto practikar mee eskritoora.

Where are the pens? I need to practise my writing.

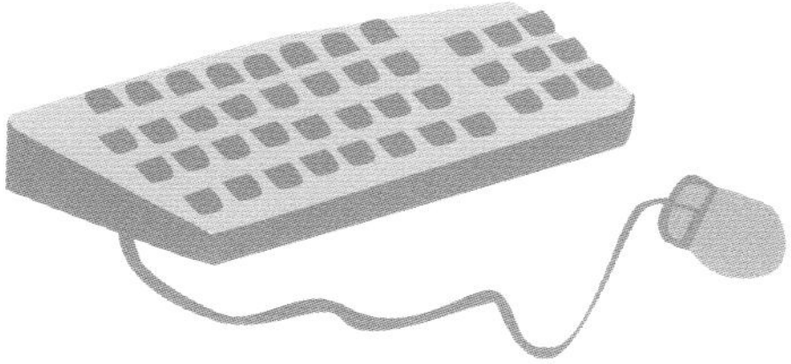

Puedo tocar el **teclado** sin mirar.

Pwedo tokar el teklado seen meerahr.

I can type on the keyboard without looking.

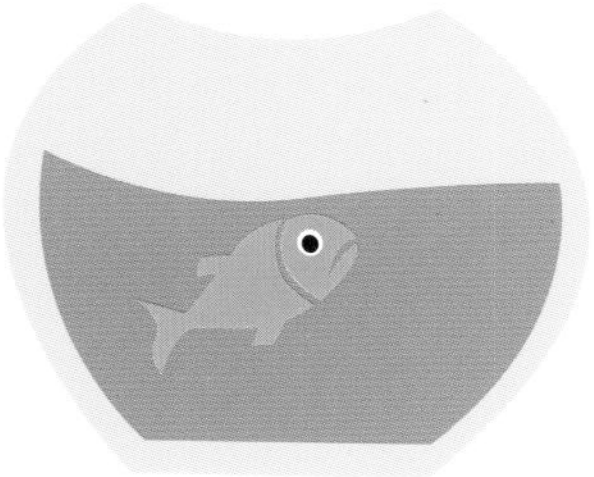

El pez vive en la **pecera**.

El peth beebeh en la pethehra.

The fish lives in a fish tank.

¿Me prestas un **lápiz** rojo?

Meh prestas oon lapeeth roho?

Can you lend me a red pencil?

He hecho un **dibujo** de un pez muy bien.
Eh eh-cho oon deebooho deh oon peth mooy bee-en.
I have done a brilliant drawing of a fish.

Mira el **reloj** para saber la hora.
Meera el relo para saber la ora.
Look at the clock to know the time.

Busca España en el **globo terrestre**.
Booska Espania en el globo terrestreh.
Look for Spain on the globe.

¿Puedes cerrar la **puerta**? ¡Hace frio!
Pwedes thehrrar la pwerta? Atheh freeo!
Can you close the door? It's cold!

Mi **profesora** me dice que mi libreta no está muy ordenada.
Mee profesora meh deetheh keh mee leebreta no esta mooy ordenada.
My teacher tells me that my notebook is not very neat.

A todo el mundo le gusta recibir un **premio**.
A todo el moondo leh goosta retheebeer oon premeeo.
Everyone likes getting a merit mark.

Los niños y Nando van al supermercado con Mamá.

Los neenios ee Nando ban al supermerkado con Mamma.

el plátano
el platano
banana

las galletas
las guy-etas
biscuits

el pastel
el pastehl
cake

el polo
el pollo
lollipop

las habas
las abas
beans

la zanahoria
la thana-oreea
carrot

el tomate
el tomateh
tomato

el queso
el kehso
cheese

¡Los precios están por los suelos!

la revista
la rehbeesta
magazine

el periódico
el periodeeko
newspaper

el jabón de fregar
el habon deh fregar
washing-up liquid
la oferta especial
la oferta espetheeal
special offer
la comida de perro
la komeeda deh perro
dog food
la bicicleta
la beetheecleta
bicycle
el dinero
el deenero
money
el jamón
el hamon
ham
2.30
la caja
la kaha
till
el carrito
el karreeto
trolley

Los **polos** no son buenos para los dientes.
Los pollos no son bwenos para los dee-entehs.
Lollipops are not good for your teeth.

¿Me compras ésta **revista**?
Meh kompras esta rehbeesta?
Will you buy this magazine for me?

La rueda del **carrito** hace un ruido que parece un ratón.
La rweda del karreeto atheh oon rooeedo keh pareh-theh oon raton.
The wheel of the trolley sounds like a mouse.

Hay **ofertas especiales** en todo el supermercado.
Eye ofertas espetheealehs en todo el supermerkado.
There are special offer signs all over the supermarket.

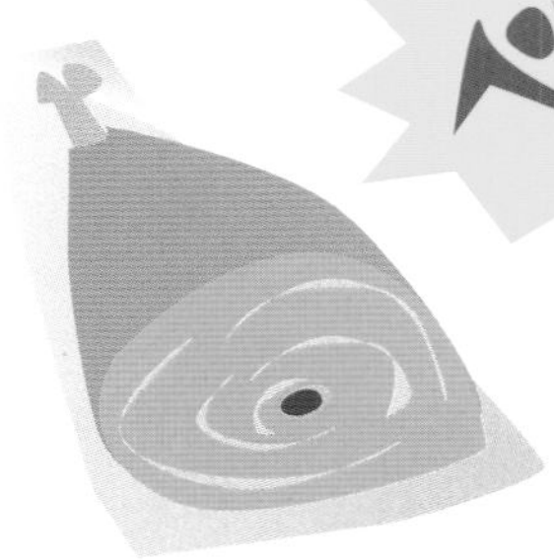

No dejes que el perro robe el **jamón**.
No dehehs keh el perro robeh el hamon.
Don’t let the dog steal the ham!

Que no se te olvide la **comida de perro**.
Keh no seh teh olbeedeh la komeeda deh perro.
Don’t forget the dog food.

¡Espero que no llueva! Dejé mi **bicicleta** fuera.

Esperoh keh no yoo-ehba! Deheh mee beetheecleta fwera.

I hope it doesn't rain! I've left my bicycle outside.

Mamá dice que no podemos comprar **galletas**.

Mamma deetheh keh no podehmos komprar guy-etas.

Mum says we can't buy any biscuits.

Mamá llevó al trabajo unos **pasteles** el dia de su cumpleaños.

Mamma yehbo al trabaho oonos pastehl-ehs el deea deh soo koompleh-anios.

Mum took some cakes to work on her birthday.

Me he gastado todo el **dinero** en caramelos.

Meh eh gastado todo el deenero en karamelos.

I have spent all my money on sweets.

No necesitamos **tomates**.

No netheh-seetamos tomatehs.

We don't need any tomatoes.

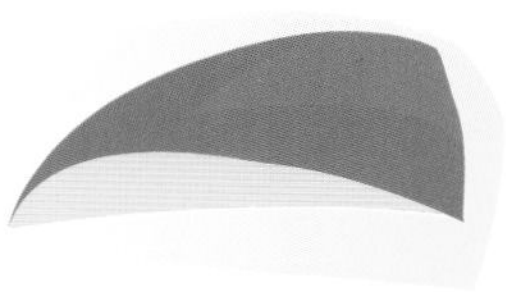

¿Compramos **queso** para los sandwiches?

Kompramos kehso para los sandwiches?

Shall we buy some cheese for the sandwiches?

Llevan a Nando al parque para un picnic.

Yehban a Nando al parkeh para oon peekneek.

el columpio
el koloompeeo
swing

el tobogan
el tobogan
slide

el balancin
el balantheen
seesaw

el estanque
el estankeh
pond

el casco
el kasco
helmet

la limonada
la leemonada
lemonade

la manzana
la manthana
apple

las patatas fritas
las patatas freetas
crisps

el mónopatin
el monopateen
skateboard

el barro
el barro
mud

el pan
el pan
bread

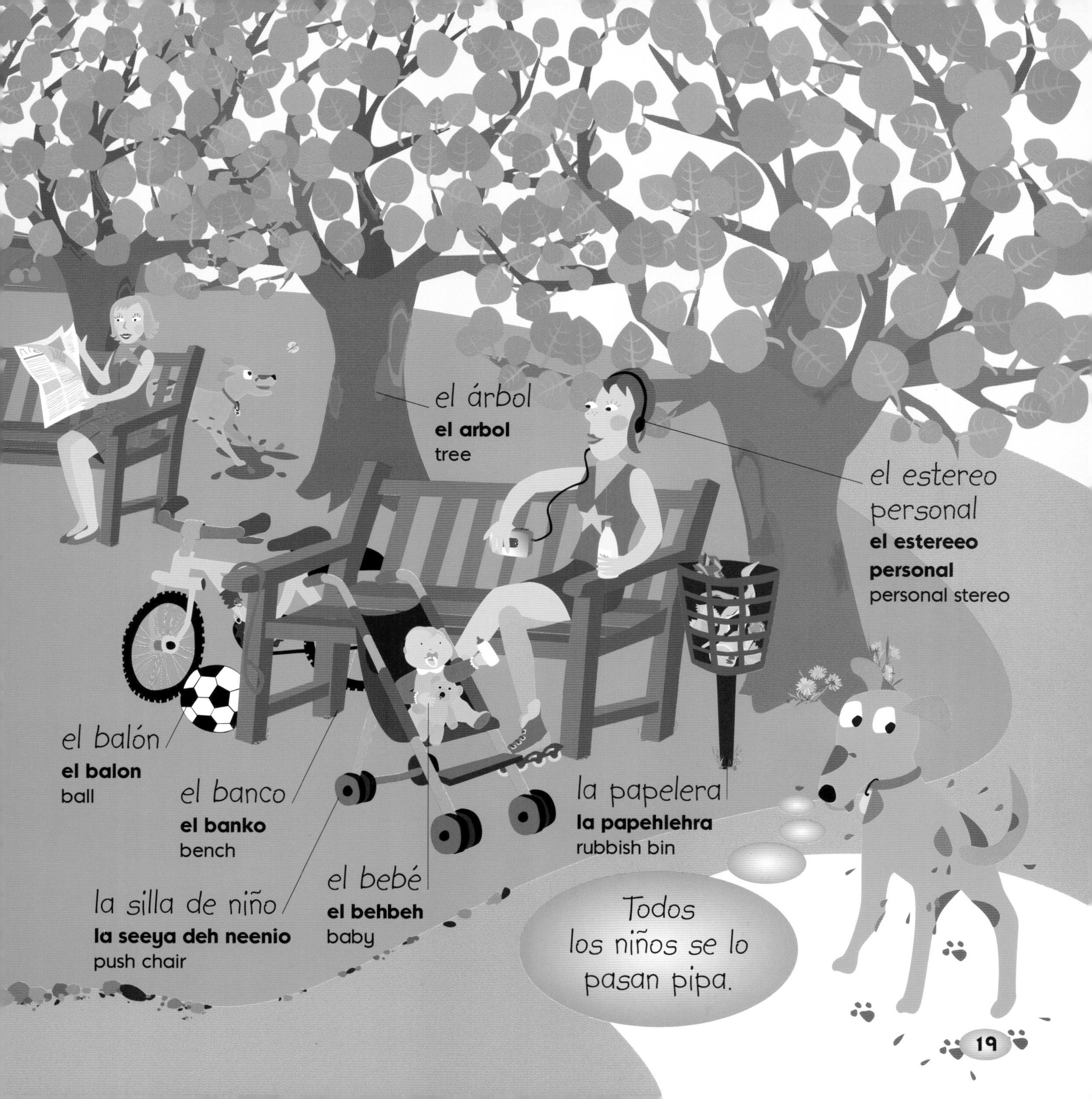

el árbol
el arbol
tree

el estereo
personal
**el estereeo
personal**
personal stereo

el balón
el balon
ball

el banco
el banko
bench

la papelera
la papehlehra
rubbish bin

la silla de niño
la seeya deh neenio
push chair

el bebé
el behbeh
baby

Todos
los niños se lo
pasan pipa.

Los **árboles** son estupendos para jugar al escondite.

Los arbolehs son estoopendos para hooghar al eskondeeteh.

The trees are great for playing hide-and-seek.

Lo pasamos muy bien en los **columpios**.

Lo pasamos mooy bee-en en los koloompeeos.

We have lots of fun on the swings.

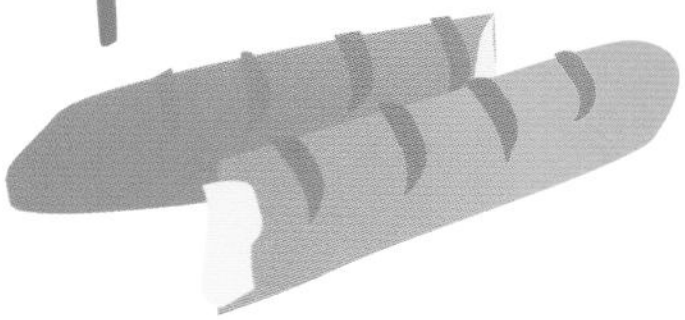

Tengo hambre. ¿Me dás **pan** con queso?

Tengo ambreh. Meh das pan con kehso?

I'm hungry. Can I have some bread and cheese?

Mamá descansa en el **banco**.

Mamma deskansa en el banko.

Mum is resting on the bench.

Mmm, las **manzanas** son ricas, dulces y jugosas.

Mmm, las manthanas son reekas, doolthes y hooghosas.

Mmm, the apples are delicious, all sweet and juicy.

Me gusta jugar al **balón**, especialmente cuando meto un gol.

Meh goosta hooghar al balon, espetheeal-menteh quando meto oon gol.

I like playing with the ball, especially when I score a goal.

¿Que bebes en el picnic? **Limonada**, por supuesto.
Keh behbehs en el peekneek? Leemonada, por soopwesto.
What are we drinking at the picnic? Lemonade, of course.

Me hago daño cuando me caigo del **mónopatin**.
Meh ago danio quando meh ka-eego del monopateen.
It hurts when I fall off the skateboard.

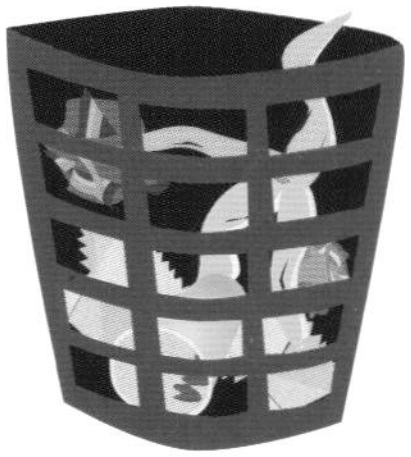

¡Cuidado! Hay muchas avispas alrededor de la **papelera**.
Queedado! Eye moochas abeespas alrededor deh la papehlehra.
Careful! There are lots of wasps by the rubbish bin.

A mi perro le gusta jugar en el **barro**.
A mee perro leh goosta hooghar en el barro.
My dog likes playing in the mud!

¿Juegas conmigo en el **balancin**?
Hweghas konmeego en el balantheen?
Will you play on the seesaw with me?

Comer **patatas fritas** mientras juegas. ¡Qué bien!
Kommer patatas freetas mee-entras hweghas. Keh bee-en!
Eating crisps while playing. That's fun!

Los niños lavan a Nando en la bañera.

Los neenios laban a Nando en la banieh-ra.

la ducha
la doocha
shower
la espuma
la espooma
foam
la radio
la radeeo
radio
el retrete
el retreteh
toilet
el champú
el champoo
shampoo
la esponja
la esponha
sponge
la bañera
la banieh-ra
bath
la alfombra de baño
la alfombra deh banio
bath mat
el jabón
el habon
soap
el patito
el pateeto
toy duck
la pistola de agua
la peestola deh awa
water pistol

Mamá me pidio que me lave las manos en el **lavabo**.

Mamma meh peedio keh meh labeh las manos en el lababo.

Mum told me to wash my hands in the basin.

El **champú** está casi acabado.

El champoo esta kassee akabado.

The bottle of shampoo is nearly empty.

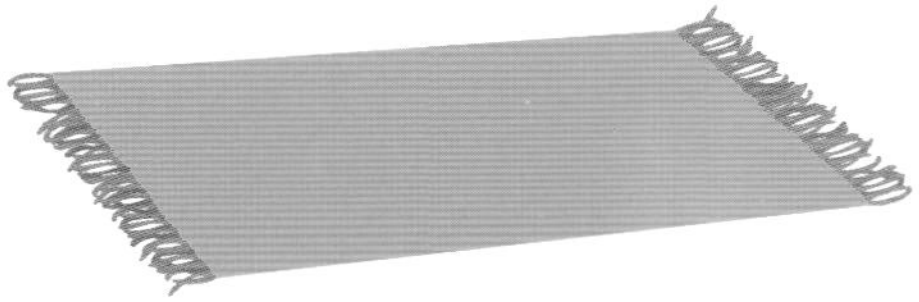

La **alfombra de baño** está mojada. ¿Quien estuvo salpicando?

La alfombra deh banio esta mohada. Key-en estoobo salpeekando?

The bathmat is all wet. Who's been splashing?

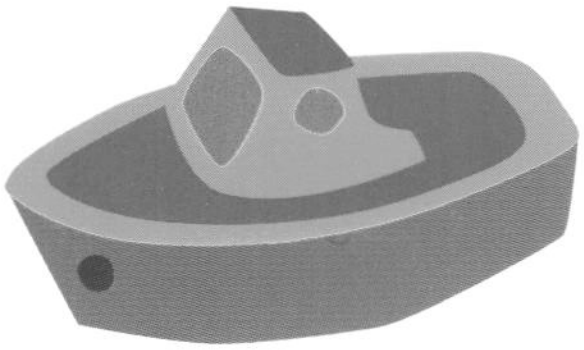

Cuando éramos pequeños jugabamos con **barcos**.

Quando eramos pekenios hooghabamos con barkos.

When we were little, we used to play with boats.

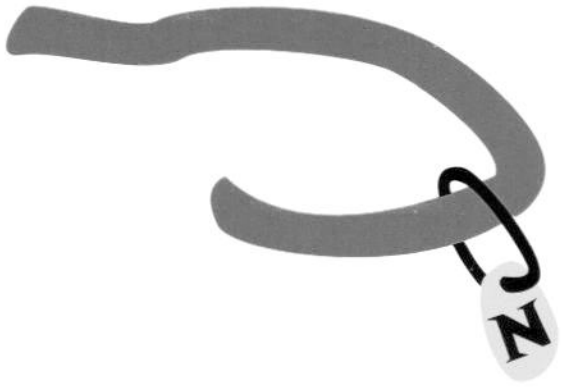

Al perro le gusta que le quitemos el **collar**.

Al perro le goosta keh leh keetehmos el coyar.

The dog likes it when we take off his collar.

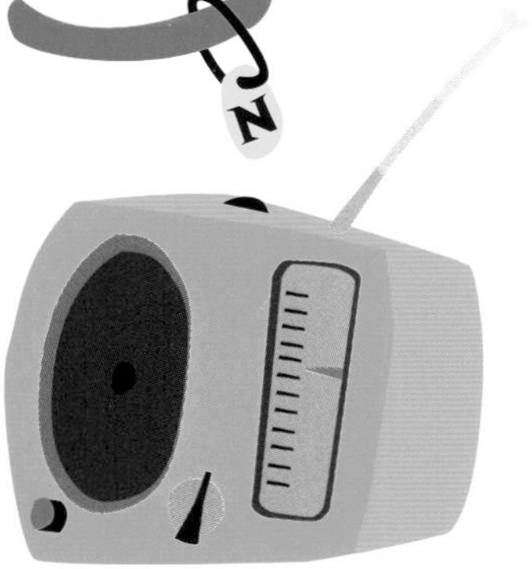

¡Escucha! Tu canción favorita está en la **radio**.

Eskoocha! Too kanthion faboreeta esta en la radeeo.

Listen! Your favourite song is on the radio.

¡No dejes al perro jugar con el **patito**!
No dehehs al perro hooghar con el pateeto!
Don’t let the dog play with the toy duck!

Perdí mi **cepillo de dientes**.
Perdee mee theh-peeyo deh dee-entehs.
I’ve lost my toothbrush.

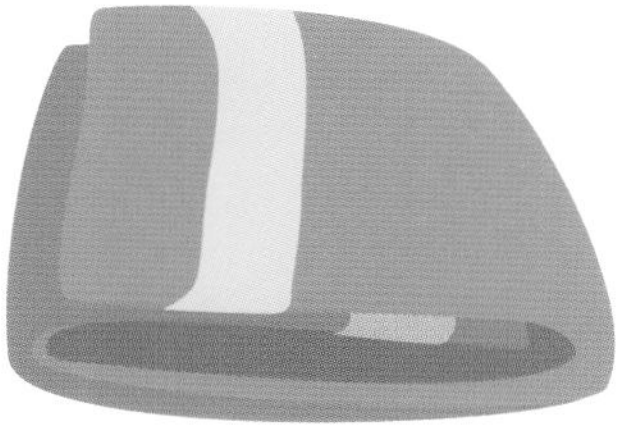

Dá gusto secarse con una **toalla** suave.
Da goosto sekarseh con oona towaya swabeh.
It’s good to dry yourself with a soft towel.

Papá nos riño por mojar el cuarto de baño con la **pistola de agua**.
Pappa nos reenio por mohar el kwarto deh banio con la peestola deh awa.
Dad told us off when we made a mess with the water pistol.

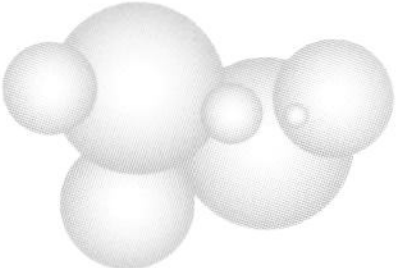

Me gusta el baño con mucha **espuma**.
Meh goosta el banio con moocha espooma.
I like a bath with lots of foam.

Papá necesita **el retrete**. ¡Date prisa!
Pappa netheseeta el retreteh. Dateh preesa!
Dad wants to use the toilet. Hurry up!

Es hora de irse a la cama.
Los niños están cansados.

Es ora deh eerseh a la kamma.
Los neenios estan kansados.

el cohete
el ko-ehteh
rocket

el poster
el postehr
poster

la gorra de béisbol
la gorra deh basebol
baseball cap

los tebeos
los tehbeh-os
comics

los calcetines
los kaltheh-teenehs
socks

¡Buenas noches! Que sueñes con los angelitos.

el pijama
el peehama
pyjamas

las zapatillas de deporte
las thapateeyas deh deporteh
trainers

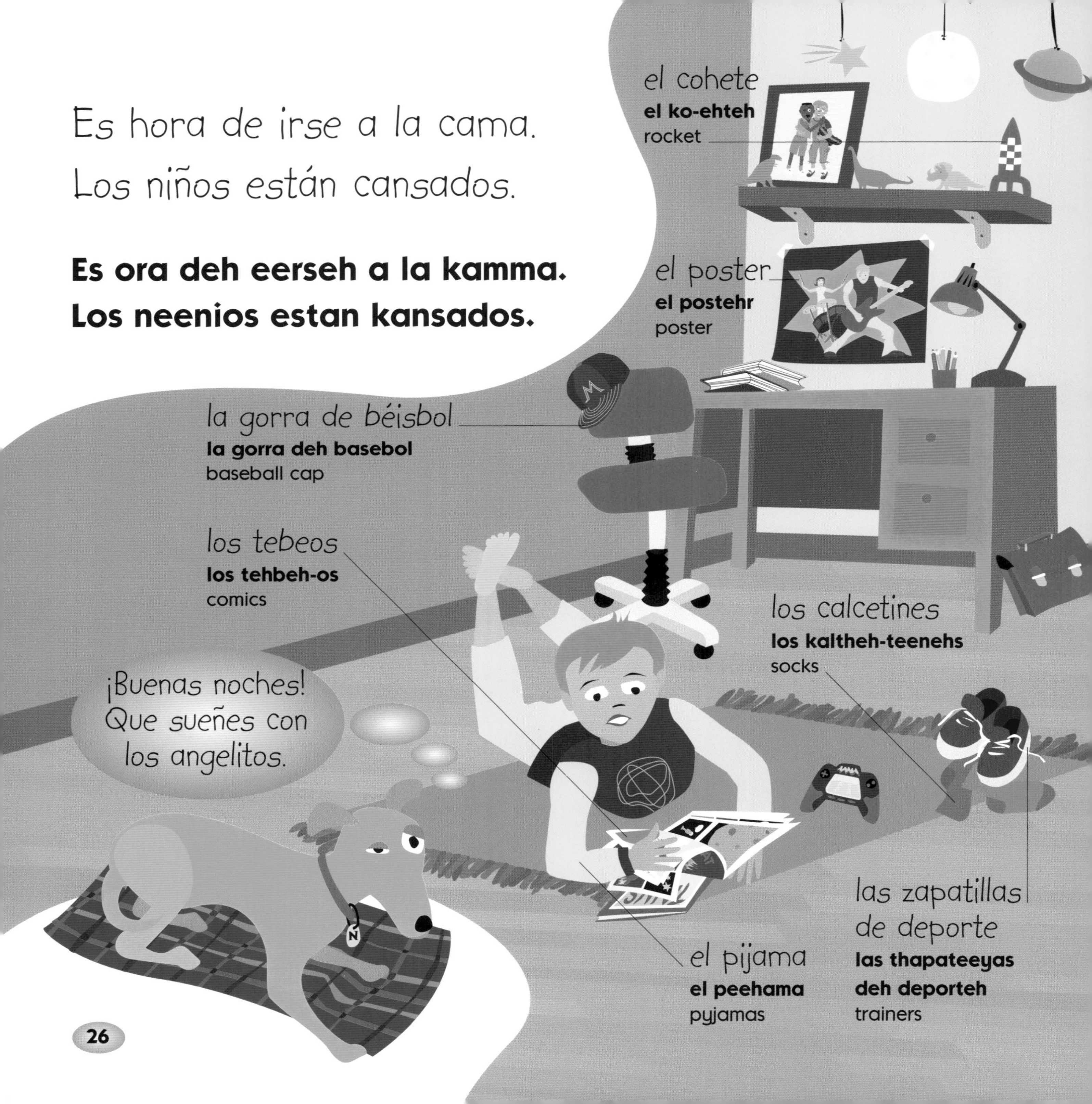

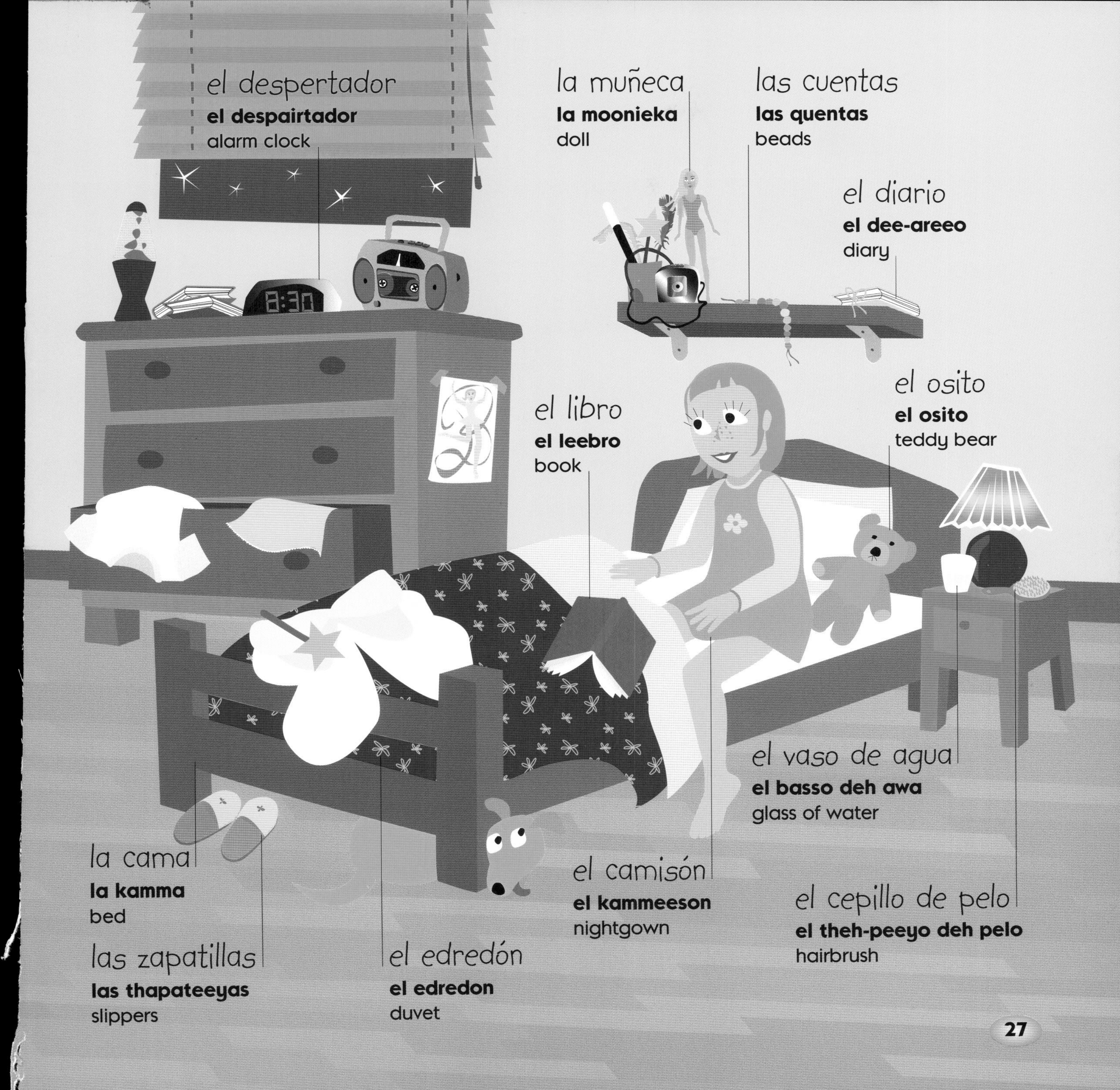
el despertador
el despairtador
alarm clock
la muñeca
la moonieka
doll
las cuentas
las quentas
beads
el diario
el dee-areeo
diary
el libro
el leebro
book
el osito
el osito
teddy bear
el vaso de agua
el basso deh awa
glass of water
la cama
la kamma
bed
el camisón
el kammeeson
nightgown
el cepillo de pelo
el theh-peeyo deh pelo
hairbrush
las zapatillas
las thapateeyas
slippers
el edredón
el edredon
duvet

Me gusta poner **posters** de cantantes en mi dormitorio.

Meh goosta ponner postehrs deh kantantehs en mee dormeetoreeo.

I like putting up posters of pop stars in my bedroom.

Mi **libro** favorito es tan divertido que me hace reir.

Mee leebro faboreeto es tan deeberteedo keh meh atheh reh-eer.

My favourite book is so funny that it makes me laugh.

Es util tener un **vaso de agua** al lado de la cama.

Es ooteel tener oon basso deh awa al lado deh la kamma.

It's useful to have a glass of water by the bed.

Llevaría puestas mis **zapatillas de deporte** todo el tiempo si pudiera.

Yebareea pwestas mis thapateeyas deh deporteh todo el tiempo see poodiera.

I'd wear my trainers all the time if I could.

Todas las noches, me duermo abrazado a mi **osito**.

Todas las noches, meh dwermo abrathado a mee osito.

Every night, I go to sleep cuddling my teddy bear.

Puedes escribir tus secretos en un **diario**.

Pwedes escreebeer toos sehcrehtos en oon dee-areeo.

You can write your secrets in a diary.

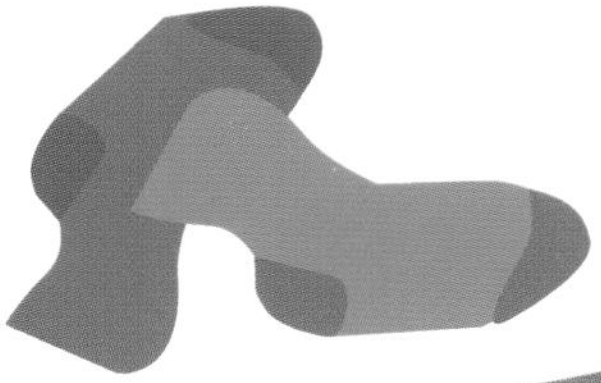

¡Estos **calcetines** huelen muy mal!

Estos kaltheh-teenehs wehlen mooy mal!

These socks smell really bad!

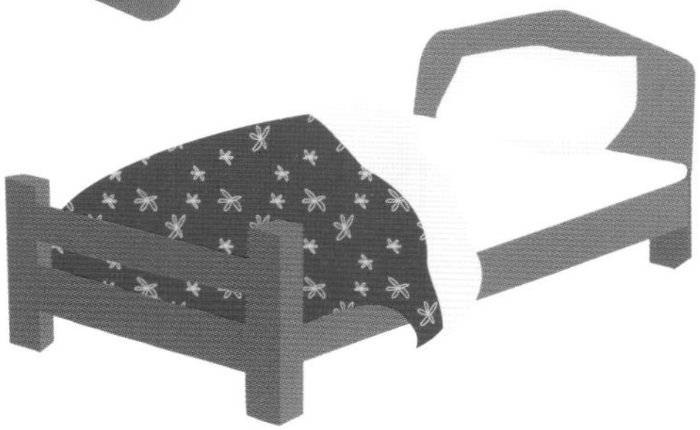

A mi gato le gusta dormir en mi **cama**.

A mee gatto leh goosta dormeer en mee kamma.

My cat likes sleeping on my bed.

Mañana hay colegio – tengo que poner el **despertador**.

Maniana eye kol-eheeo – tengo keh ponner el despairtador.

It's school tomorrow – I must set the alarm clock.

A menudo leemos **tebeos** por la noche.

A menoodo leh-ehmos tehbeh-os por la nocheh.

We often read comics late at night.

¿Has visto mi **cepillo de pelo**? Tengo el pelo muy en enredado.

As beesto mee theh-peeyo deh pelo? Tengo el pelo mooy en enredado.

Have you seen my hairbrush? My hair is really tangled.

Mis **zapatillas** mantienen mis pies calientes.

Mis thapateeyas mantienen mis pee-ehs kalientehs.

My slippers keep my feet warm.

Index

Is there a particular word you'd like to learn in Spanish? This index features all the key words found in the book (in English followed by the Spanish translation) as well as lots of other useful and interesting words selected from the sentences and Nando's thoughts.

AB

C

DE

FG

HIJ

KL
keyboard – **el teclado** 10, 12
kind – **amable** 9
kitchen – **la cocina** 7
knife – **el cuchillo** 7, 8
lead (dog's) – **la correa** 6, 9
lemonade – **la limonada** 18, 21
(to) like – **gustar** 9, 13, 20, 21, 24, 25, 28, 29
lollipop – **el polo** 14, 16
(to) look – **mirar** 12, 13

MNO
magazine – **la revista** 14, 16
merit mark – **el premio** 10, 13
milk – **la leche** 6, 8
money – **el dinero** 15, 17
mouse – **el ratón** 10, 16
mud – **el barro** 18, 21
Mum – **Mamá** 7, 8, 9, 14, 17, 20, 24
newspaper – **el periódico** 14
night – **la noche** 26, 28, 29, 32
nightgown – **el camisón** 27
notebook – **la libreta** 13
number – **el número** 10
orange juice – **el zumo de naranja** 7, 9

PR
pants – **los calzoncillos** 22
park – **el parque** 18
pen – **el boligrafo** 10, 12
pencil – **el lápiz** 11, 12
personal stereo – **el estereo personal** 19
picnic – **le picnic** 18, 21
pipe – **la pipa** 19, 32
plate – **el plato** 6
(to) play – **jugar** 20, 21, 24, 25
pond – **el estanque** 18
pop star – **el cantante** 28
poster – **el poster** 26, 28
price – **el precio** 14, 32
pupil – **el estudiante** 10
push chair – **la silla de niño** 19
radio – **la radio** 23, 24
(to) rain – **llover** 17
rat – **la rata** 11, 32
red – **rojo** 12
rocket – **el cohete** 26
rubbish bin – **la papelera** 19, 21
rucksack – **la mochila** 11
ruler – **la regla** 10, 12

S
sandwich – **el sandwich** 17
school – **el colegio** 8, 14, 29
seesaw – **el balancin** 18, 21
shampoo – **el champú** 23, 24
shower – **la ducha** 23
skateboard – **el mónopatin** 18, 21
slide – **el tobogan** 18
slippers – **las zapatillas** 27, 29
(to) smell – **oler** 29
soap – **el jabón** 23
sock – **el calcetin** 26, 29
song – **la canción** 24
Spain – **España** 13
special offer – **la oferta especial** 15, 16
sponge – **la esponja** 23
spoon – **la cuchara** 7
(to) steal – **robar** 16
strawberry – **la fresa** 8
supermarket – **el supermercado** 14, 16
sweet – **el caramelo** 17
swing – **el columpio** 18, 20

T
table – **la mesa** 11
tap – **el grifo** 22
taste – **el sabor** 8
tea (drink) – **el té** 9
teacher – **la profesora/ el profesor** 10, 12, 13
teddy bear – **el osito** 27, 28
tie – **la corbata** 4, 6
till (checkout) – **la caja** 15
time – **la hora** 9, 13
tired – **cansado** 26
toilet – **el retrete** 23, 25
tomato – **el tomate** 14, 17
tomorrow – **mañana** 29
tooth – **el diente** 16
toothbrush – **el cepillo de dientes** 22, 25
towel – **la toalla** 22, 25
trainers – **las zapatillas de deporte** 26, 28
tree – **el árbol** 19, 20
trolley – **el carrito** 15, 16

WY
(a) walk – **el paseo** 9
warm – **caliente** 29
(to) wash – **lavar** 24
washing-up liquid – **el jabón de fregar** 15
wasp – **la avispa** 21
water – **el agua** 27, 28
water pistol – **la pistola de agua** 23, 25
wet – **mojada** 24
wheel – **la rueda** 16
window – **la ventana** 11, 12
(to) work – **trabajar** 9, 11
(to) write – **escribir** 28
writing – **la escritura** 12
yellow – **amarilla** 11, 32

Nando's thoughts

p.6 *¡Tengo tanta hambre que me comería una vaca!*
Tengo tanta ambreh keh meh komeh-reea oona bakka!
I'm so hungry, I could eat a cow! (I'm starving!)

p.11 *Saben más que las ratas amarillas.*
Saben mas keh las ratas amareeyas.
They know more than yellow rats.
(They are very clever.)

p.14 *¡Los precios están por los suelos!*
Los prethios estan por los swelos!
Prices are on the floor! (Prices are really low!)

p.19 *Todos los niños se lo pasan pipa.*
Todos los neenios seh lo pasan peepa.
All the children are having a pipe time.
(All the children are having a good time.)

p.22 *¡Prefiero lavarme la cara como los gatos!*
Prefee-ehro labarmeh la kara kommo los gattos!
I prefer to wash my face like a cat! (I prefer to use hardly any water when I wash my face!)

p.26 *¡Buenas noches! Que sueñes con los angelitos.*
Bwenas nochehs! Keh sweniehs con los anheleetos.
Good night! Dream with the angels. (Sweet dreams.)